Impressum
Verlag: BABADADA GmbH, Nedderfeld 112 , 22529 Hamburg
Geschäftsführer / Verlagsleitung: Harald Hof
Druck: Books on Demand GmbH, In de Tarpen 42, 22848 Norderstedt

Imprint
Publisher: BABADADA GmbH, Nedderfeld 112 , 22529 Hamburg, Germany
Managing Director / Publishing direction: Harald Hof
Print: Books on Demand GmbH, In de Tarpen 42, 22848 Norderstedt, Germany

# sekolah

# ښوونځی

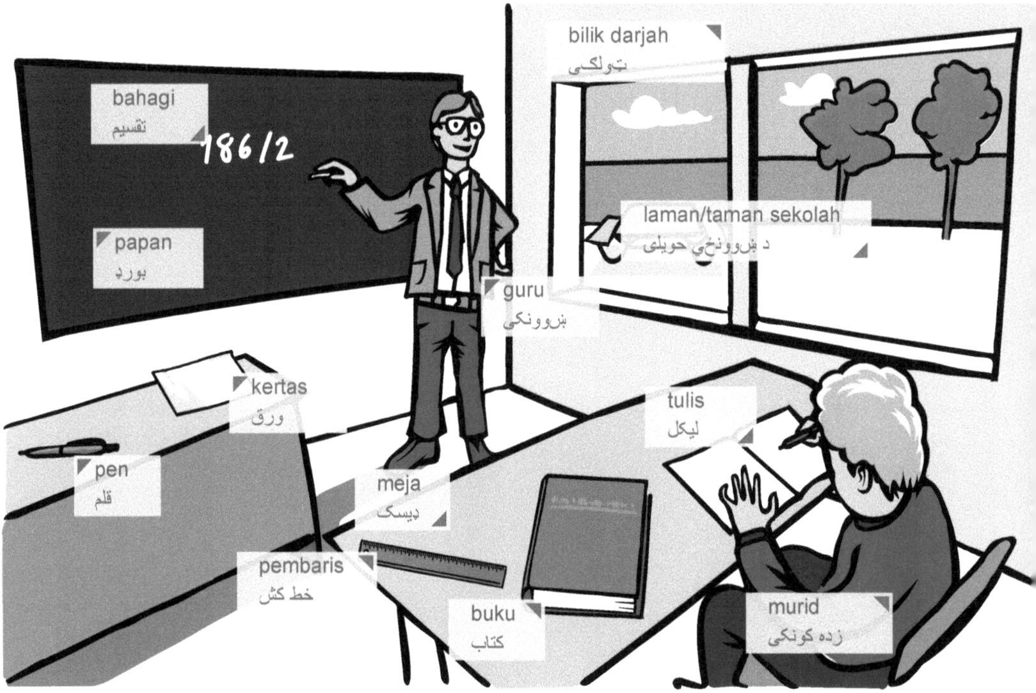
bilik darjah
ټولګی
bahagi
تقسیم
186/2
papan
بورډ
laman/taman sekolah
د ښوونځي حویلی
guru
ښوونکی
kertas
ورق
tulis
لیکل
pen
قلم
meja
ډیسک
pembaris
خط کش
buku
کتاب
murid
زده کونکی

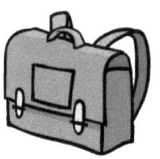

beg galas

کڅوړه

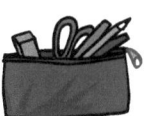

kotak pensel

د پنسل بکسه

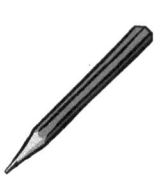

pensel

پنسل

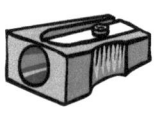

pengasah pensel

پنسل تراش

pemadam

ربړ

kertas lukisan

د رسامۍ پاڼه

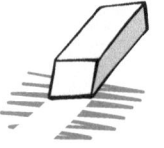

melukis

رسامي

berus lukis

د نقاشي برس

kotak warna

د نقاشي بکس

gunting

قيچي

gam

سريښ

buku latihan

د تمرين کتاب

kerja rumah

کورنۍ دنده

12

nombor

شمير

2+2

tambah

جمع

5-2

tolak

منفي

2×2

darab

ضرب

kira

حساب

A

huruf

توری

ABCDEFG
HIJKLMN
OPQRSTU
VWXYZ

abjad

الفبا

hello

kata

کلمه

teks

متن

baca

لوستل

kapur

تباشير

pelajaran

درس

daftar

راجستر

peperiksaan

ازموینه

sijil

تصدیق پاڼه

uniform sekolah

د ښوونځي یونیفارم

pendidikan

تعلیم

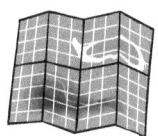

ensiklopedia

دایره المعارف

universiti

پوهنتون

mikroskop

مایکروسکوپ

peta

نقشه

bakul sampah

اشغالدانی

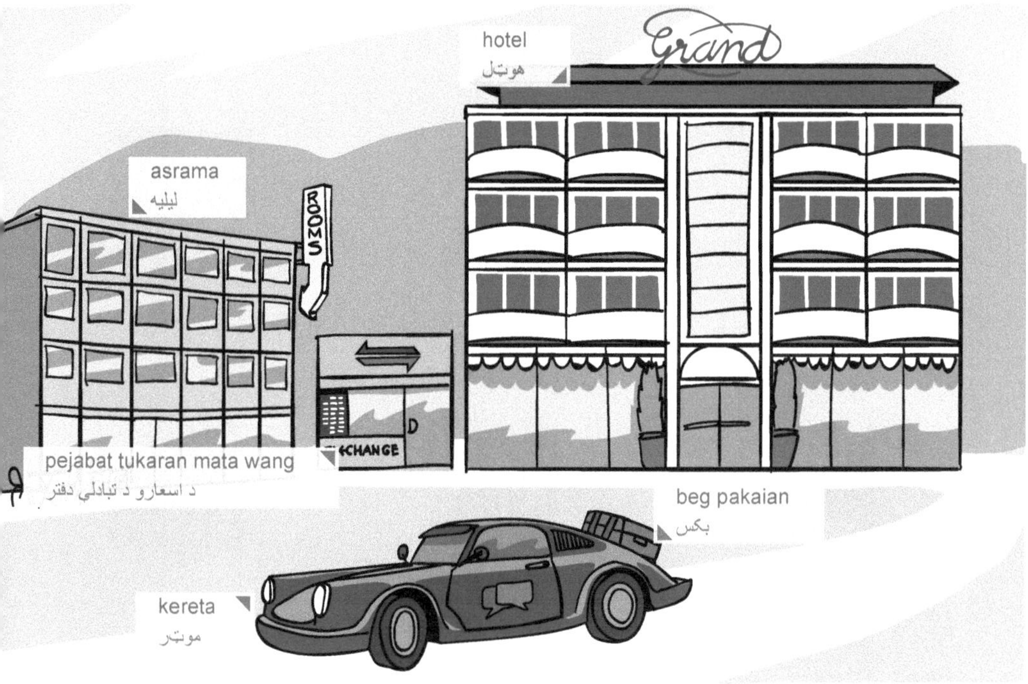
hotel
هوټل
Grand
asrama
ليليه
ROOMS
pejabat tukaran mata wang
د اسعارو د تبادلي دفتر
CHANGE
beg pakaian
بکس
kereta
موټر

bahasa
.................
ژبه

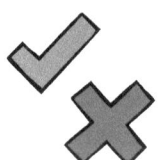

ya / tidak
.................
هو/نه

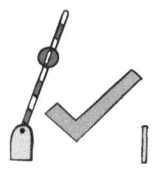

okey
.................
سمه ده

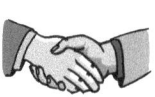

helo
.................
سلام

penterjemah
.................
ژباړونکی

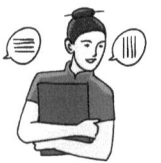

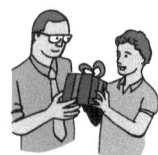

Terima kasih
.................
مننه

berapa banyak...?

څومره دي...؟

saya tidak faham

زه نه پوهیږم

masalah

ستونزه

Selamat petang!

ماښام مو پخیر!

Selamat Pagi!

سهار په خیر!

Selamat Malam!

شپه په خیر!

selamat tinggal

په مخه مو ښه

arah

لاریون

bagasi

سامان

beg

بیګ

beg galas

شاتنی بکس

tetamu

میلمه

bilik tidur

خونه

beg tidur

د خوب کڅوړه

khemah

خیمه

maklumat pelancong

د توریزم معلومات

pantai

ساحل

kad kredit

کریدیټ کارت

sarapan

ناری

makan tengah hari

د غرمی خواړه

makan malam

د شپی خواړه

tiket

ټیکټ

lif

لفټ

setem

مهر

sempadan

پوله

kastam

ګمرک

kedutaan

سفارت

visa

ویزه

pasport

پاسپورت

# pengangkutan

## ټرانسپورټ

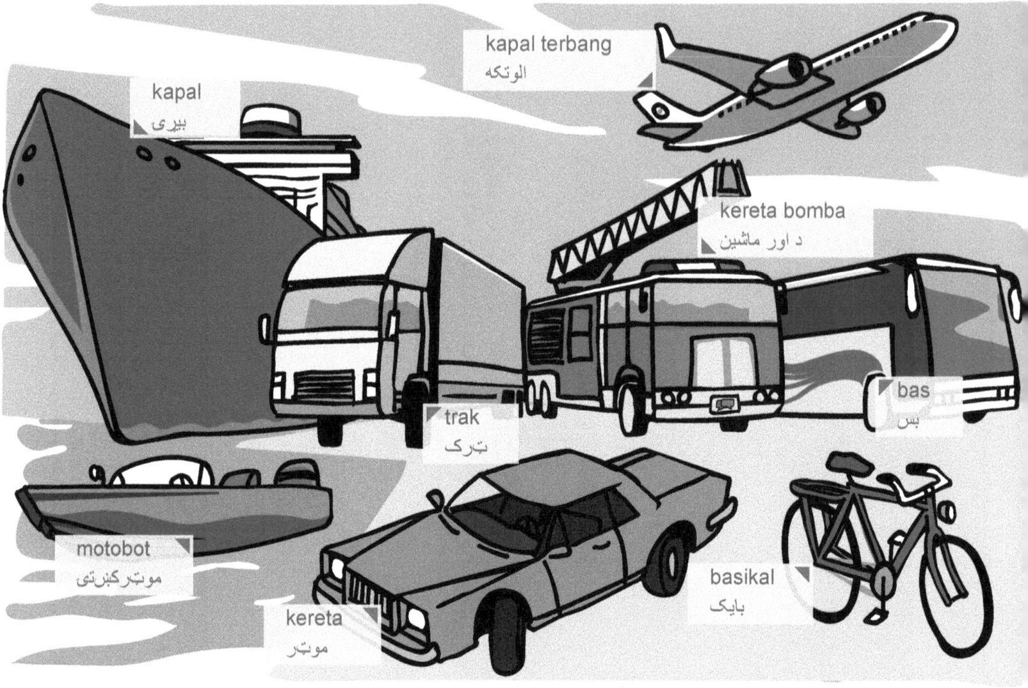

kapal terbang
الوتکه
kapal
بیړی
kereta bomba
د اور ماشین
bas
بس
trak
ټرک
motobot
موټرکښتی
basikal
بایک
kereta
موټر


feri

کښتی

bot

کښتی

motosikal

موټرسایکل

kereta polis

د پولیسو موټر

kereta lumba

د ریس موټر

kereta sewa

کرایی موټر

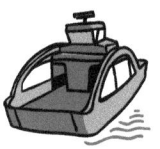

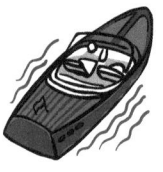

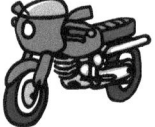

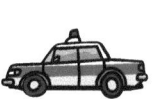

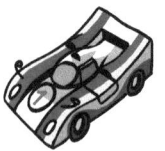

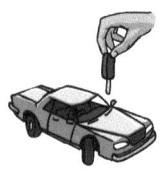

berkongsi kereta

د کرایه موټری

trak tunda

جرثقيل لرونكي ترك

trak menolak

ريفيوز ترک

motor

موټر

bahan api

سونګ ټوكي

stesen minyak

پيترول ستيشن

tanda trafik

ترافيكي نښه

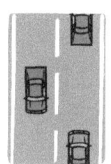

trafik

ترافيک

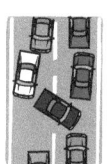

kesesakan lalu lintas

جام ترافيک

tempat parkir

د موټرو ټمځای

stesen kereta api

د ريل ستيشن

trek

پاټكي

kereta api

ريل

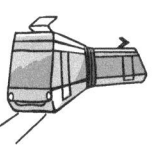

trem

ټرام

gerabak

واګون

helikopter

چورلکه

lapangan terbang

هوايي ډګر

Menara

برج

penumpang

مسافر

bekas

کانتينر

kadbod

کارتون

kart

کارت

bakul

ټوکری

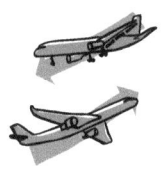

berlepas / mendarat

الوتنه کول/کښېناستل

# bandar

## بندر

kampung

کلی

pusat bandar

د بندر مرکز

rumah

کور

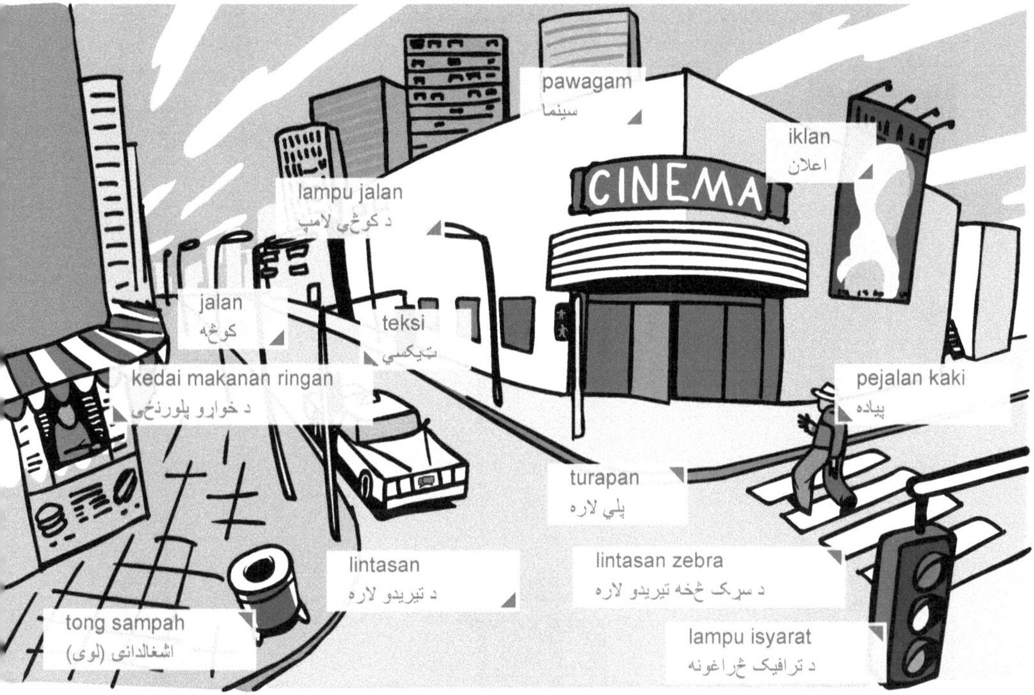

pawagam
سينما

iklan
اعلان

lampu jalan
د کوڅی لامپ

jalan
کوڅه

teksi
ټیکسي

kedai makanan ringan
د خوارو پلورنځی

pejalan kaki
پياده

turapan
پلي لاره

lintasan
د تيريدو لاره

lintasan zebra
د سرک ګڼه تيريدو لاره

tong sampah
اشغالدانۍ (لوی)

lampu isyarat
د ترافيک څراغونه

pondok

کودله

flat

اپارتمان

stesen kereta api

د ريل ستيښن

dewan bandar

ټاون هال

muzium

ميوزيم

sekolah

ښوونځی

universiti

پوهنتون

bank

بانک

hospital

روغتون

hotel

هوټل

farmasi

درملتون

pejabat

دفتر

kedai buku

کتاب پلورنځی

kedai

پلورنځی

kedai bunga

د ګلانو پلورنځی

pasar raya

لوی پلورنځی

pasaran

مارکیت

gedung

د دیپارتمنت ستور

penjual ikan

کب پلورنځی

pusat membeli-belah

د پلور مرکز

pelabuhan

لنګرتون

taman

پارک

bangku

بينچ

jambatan

پل

tangga

زينه

bawah tanah

د ځمکي لاندی

terowong

تونل

hentian bas

بس تمځای

bar

بار

restoran

ريستورانت

peti surat

پوست بکس

papan tanda jalan

د کوڅی نښه

meter parkir

د پارک کولو مېتر

zoo

ژوبڼ

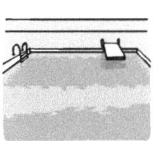

kolam renang

د لامبو حوض

masjid

مسجد

ladang

كرونده

pencemaran

ناپاكي

tanah perkuburan

هديره

gereja

چرچ

taman permainan

د لوبو ډګر

kuil

معبد/كليسا

## landskap

منظره

daun
پانه

tiang tanda
د لارښوونې نښه

jalan
لاره

padang rumput
چمن

batu
كانى

pokok
ونه

pejalan kaki
هيكر

sungai
سيند

rumput
واښه

bunga
ګل

lembah

درہ

bukit

غوندی

tasik

ناور

hutan

جنگل

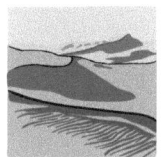

padang pasir

دشته

gunung berapi

اورشیندی

istana

کلا

pelangi

رنگین کمان

cendawan

مرخیری

pokok kelapa sawit

پلم ونه

nyamuk

ماشي

terbang

الونل

semut

میزری

lebah

مچی

labah-labah

غوندڅ/جولا

kumbang

كـونگـتت

katak

چونگبڼه

tupai

نولى

landak

زيرىكى

arnab

سوى

burung hantu

كـونگ

burung

مرغى

angsa

قازه

babi jantan

نرخوك

rusa

هوسى

moose

گاوزه

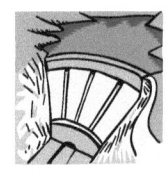

empangan

بند

turbin angin

بادي توربين

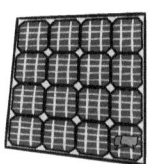

panel solar

سولر تختى

iklim

اقليم

# restoran
## ریستورانټ

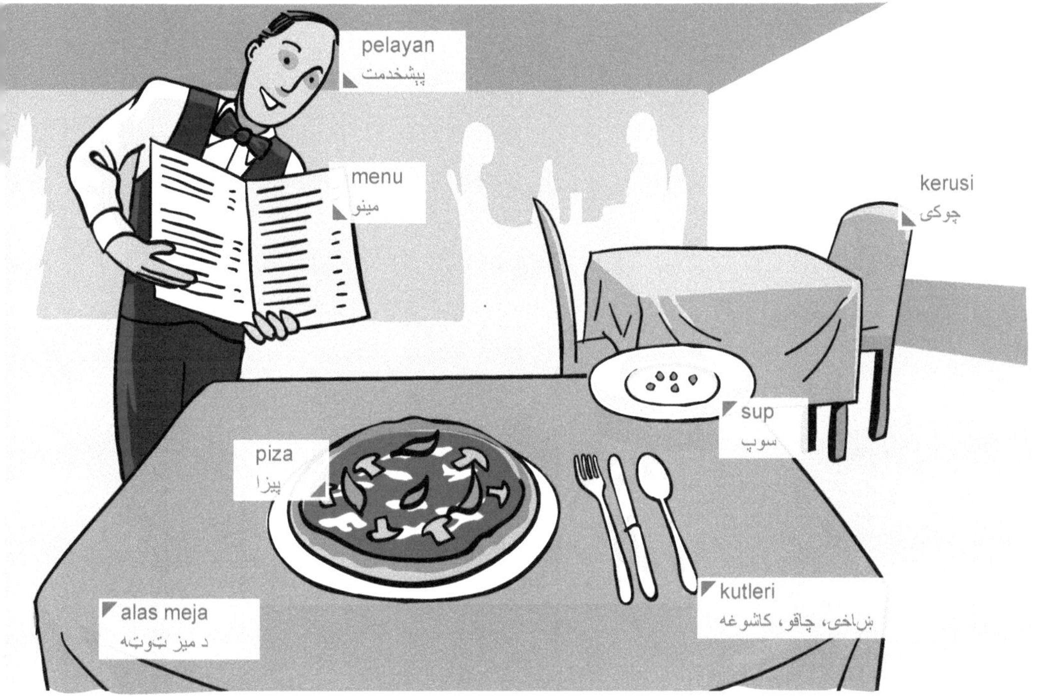
pelayan
پیشخدمت
menu
مینو
kerusi
چوکۍ
sup
سوپ
piza
پیزا
alas meja
د میز ټوټه
kutleri
بڼاخۍ، چاقو، کاشوغه

pemula

ستارټر

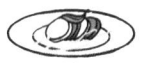

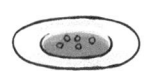

hidangan utama

اصلي خواړه

pencuci mulut

شیرني

minuman

څښاک

makanan

خواړه

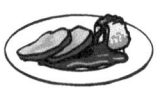

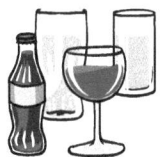

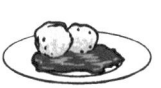

botol

بوتل

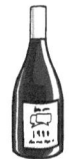

makanan segera

فاست فوډ

makanan jalanan

د کوڅی خواره

teko

چای جوش

mangkuk gula

قندانی

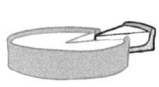

bahagian

برخه

mesin espreso

أسپرسو مشين

kerusi tinggi

لوړه چوکی

bil

رسيد

dulang

مجمه

pisau

چاکو

garfu

پنجه

sudu

قاشق

sudu teh

چای قاشق

serviette

سورويت

gelas

ګلاس

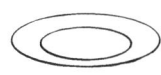

pinggan

پلیټ

mangkuk sup

د سوپ پلیټ

piring

نالبکی

sos

ساس

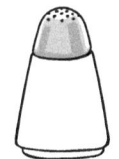

tempat garam

مالګه شیندونکی

pengisar lada

د مرچ ټکولو لوخی

cuka

سرکه

minyak

غوري

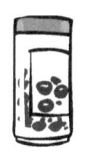

rempah

مساله

sos

کچ اپ

mustard

ښوربم

mayones

چکه

# pasar raya

# لوی پلورنځی

tawaran istimewa
خانګړی وړاندیز
FOR
pelanggan
پیرودونکی
tenusu
لبنیات
buah-buahan
میوه
troli
لاسي ځرخ

BUTCHERS

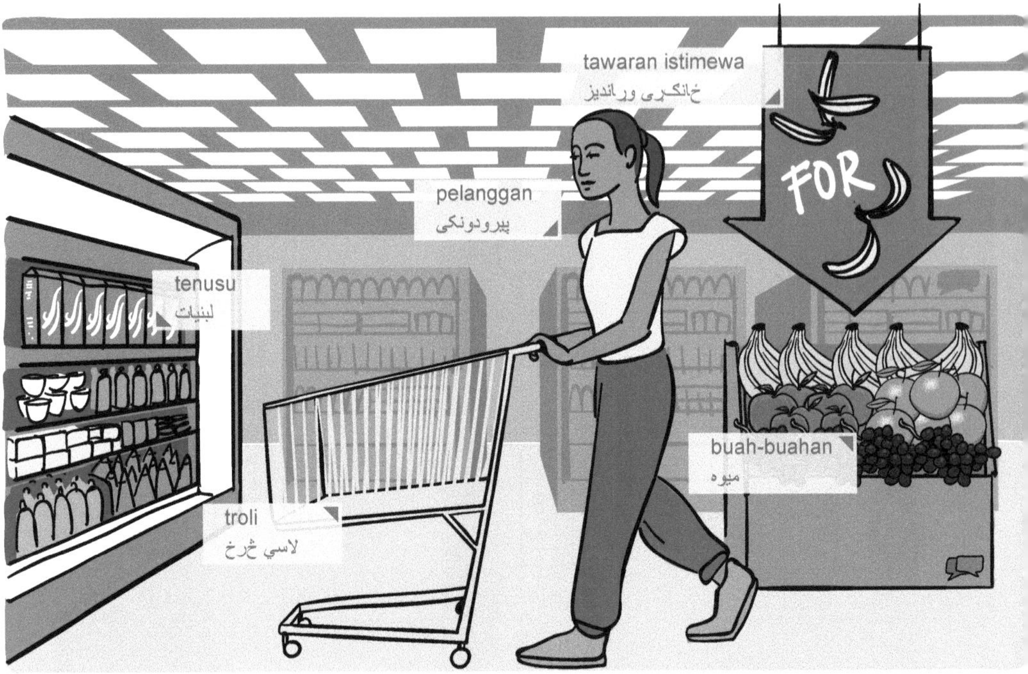

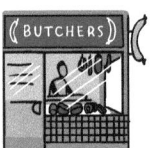

tukang daging

قصابي

BAKERY

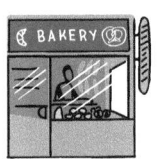

kedai roti

نانوایی

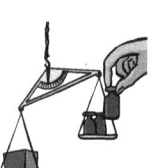

berat

وزن کول

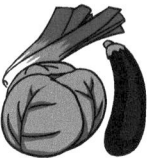

sayur-sayuran

سبزیجات

daging

غوښه

makanan sejuk beku

کنګل خواړه

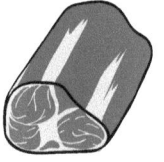

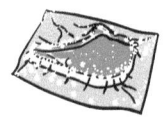

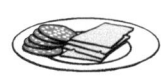

daging sejuk

يخه غوښه

makanan dalam tin

کنسروا خوازه

serbuk pencuci

د مينځلو پوډر

gula-gula

شيريني

produk isi rumah

کورني توليدات

produk pembersihan

د پاکولو محصولات

orang jualan

د پلور فرد

daftar tunai

د نغدي راجستر

juruwang

صراف

senarai membeli-belah

د پيرود ليست

waktu pembukaan

کاري ساعتونه

beg duit

بټوه

kad kredit

کريديت کارت

beg

کڅوړه

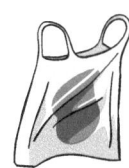

beg plastik

پلاستيک کڅوړه

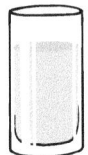

air

اوبه

jus

جوس

susu

شيدە

kola

كوك

wain

واين

bir

بيير

alkohol

الكول

koko

ككاو

the

چاى

kopi

كافي

espreso

اسپرسو

kapucino

كپچينو

pisang

كيله

epal

مڼه

oren

نارنج

tembikai

هندوانه

lemon

ليمو

lobak merah

گازره

bawang putih

هوږه

buluh

بانکس

bawang

پياز

cendawan

مرخيړي

kacang

چغزی

mi

اڼ

spageti

سپیگتی

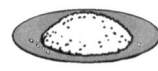

nasi

وریجی

salad

سلاد

kerepek

چپس

kentang goreng

سره کري کچالو

piza

پیزا

hamburger

همبرگر

sandwic

سانډویچ

kutlet

کتره

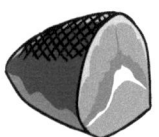

ham

د پتون غوښه

salami

سلمي

sosej

ساسج

ayam

چرگ

panggang

روست

ikan

کب

bubur oat

د وربشي ثيرني

muesli

موسلي

emping jagung

د جوار پلی

tepung

اوره

kroisan

کروسانت

roti roll

د ډوډۍ رول

roti

ډوډۍ

roti bakar

ټوسټ

biskut

بسکیت

mentega

کوچ

dadih

چکه

kek

کیک

telur

هګۍ

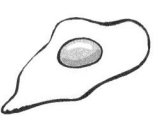

telur goreng

پخی هګۍ

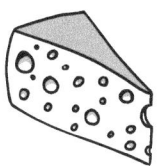

keju

پنیر

ais krim

أيس كريم

gula

بوره

madu

شهد

jem

مربا

krim nougat

نوكات كريم

kari

كوركمان

# ladang

## کرونده

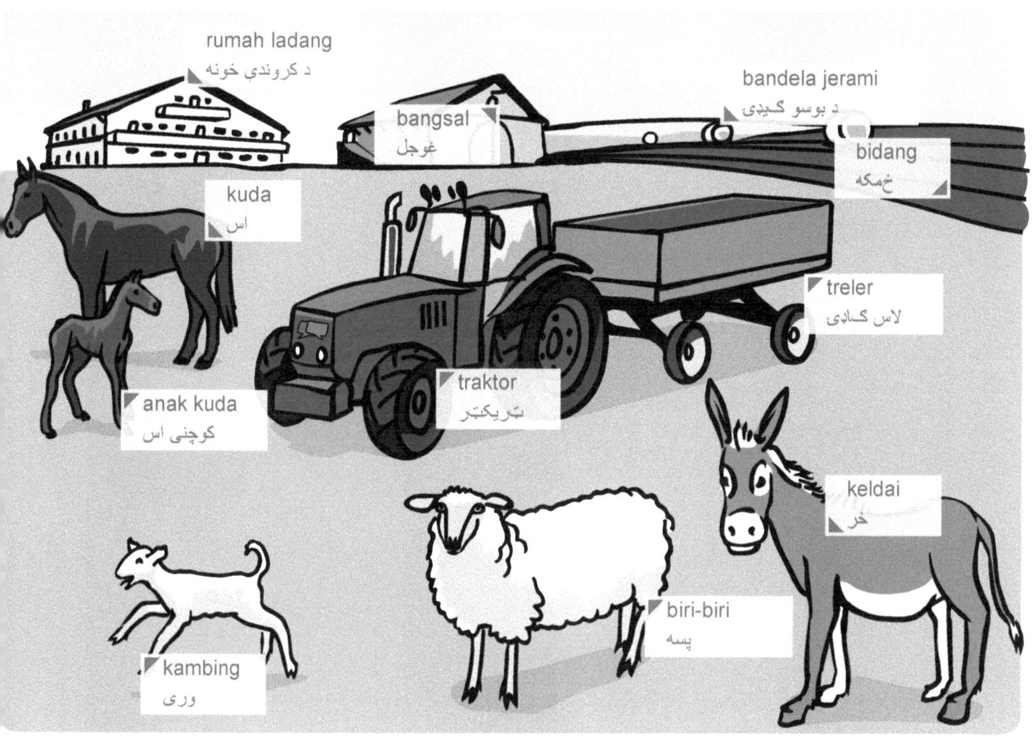

rumah ladang
د کروندې خونه
bangsal
غوجل
bandela jerami
د بوسو کیډی
bidang
خمکه
kuda
اس
treler
لاس گاډی
traktor
تریکتر
anak kuda
کوچنی اس
keldai
خر
biri-biri
پسه
kambing
وری


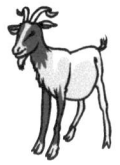

kambing

وزه

lembu

غوا

anak lembu

خوسکی

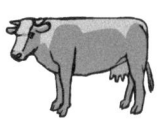

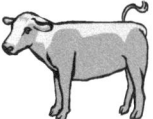

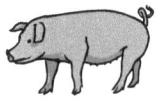

babi

خوک

anak babi

د خوک بچی

lembu

غویی

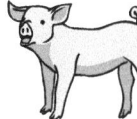

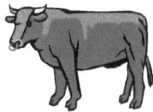

angsa

بتە

itik

هیلۍ

anak ayam

چرگوری

ayam betina

چرګه

ayam jantan muda

بانګي

tikus

سارای موږک

kucing

پیشک

tikus

موږک

lembu jantan

غویی

anjing

سپی

rumah anjing

د سپي خونه

hos taman

د باغ هوز

bekas siraman

د اوبو لوخی

sabit

لور (داس)

bajak

یوی

sabit

لور

cangkul

رمبى

serampang peladang

بنراخى

kapak

تبر

kereta sorong

كراچى

palung

ناوه

tin susu

د شيدو لوخى

karung

جوال

pagar

كتاره

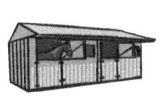

stabil

مضبوط

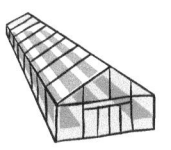

rumah hijau

شنه خونه

tanah

خاوره

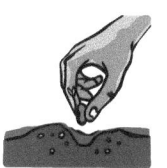

benih

تخم

baja

سره/كود

jentuai

گـد ريبونكى ماشين

tuai

زيرمه کول

menuai

درمند

keladi

خوارہ کچالو

gandum

غنم

soya

سويا

kentang

کچالو

jagung

جوار

biji sawi

نباتي تخم

pokok buah-buahan

د ميوي ونه

ubi kayu

مانيوک

bijirin

غله

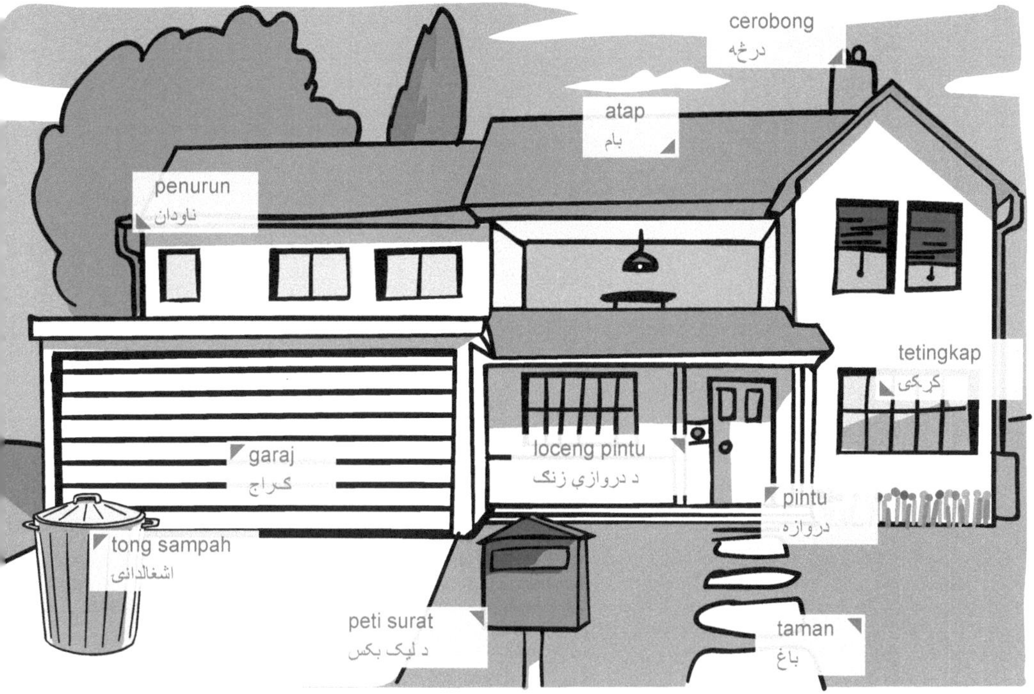

cerobong
درغه

atap
بام

penurun
ناودان

tetingkap
کړکۍ

garaj
کراج

loceng pintu
د دروازي زنگ

pintu
دروازه

tong sampah
اشغالدانی

peti surat
د لیک بکس

taman
باغ

ruang tamu

د اوسیدو خونه

bilik air

حمام

dapur

پخلنځی

bilik tidur

د ویده کیدو خونه

bilik kanak-kanak

د ماشوم خونه

ruang makan

د خوارو خونه

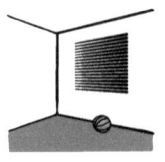

lantai

فرش

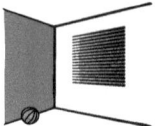

dinding

ديوال

siling

چت

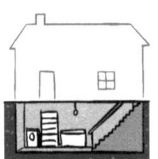

bilik bawah tanah

زيرخانه

sauna

سونا

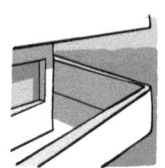

balkoni

بالكوني

teres

بتراس

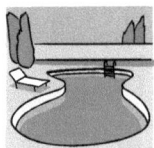
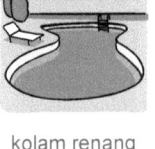

kolam renang

حوض

pemotong rumput

د چمن وهلو ماشين

lembaran

ثيت

penutup tilam

روجايى

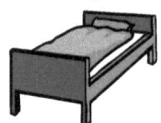

katil

تخت

penyapu

جارو

timba

بوكه

suis

سويچ

# ruang tamu

## د اوسیدو خونه

kertas dinding
والپیپر
gambar
عکس
lampu
لامپ
rak
شیلف
kabinet
الماری
televisyen
تلویزیون
pendiangan
نغری
bunga
ګل
kusyen
بالښت
sofa
صوفه
pasu
ګلدانی
alat kawalan jauh
ریموټ کنټرول


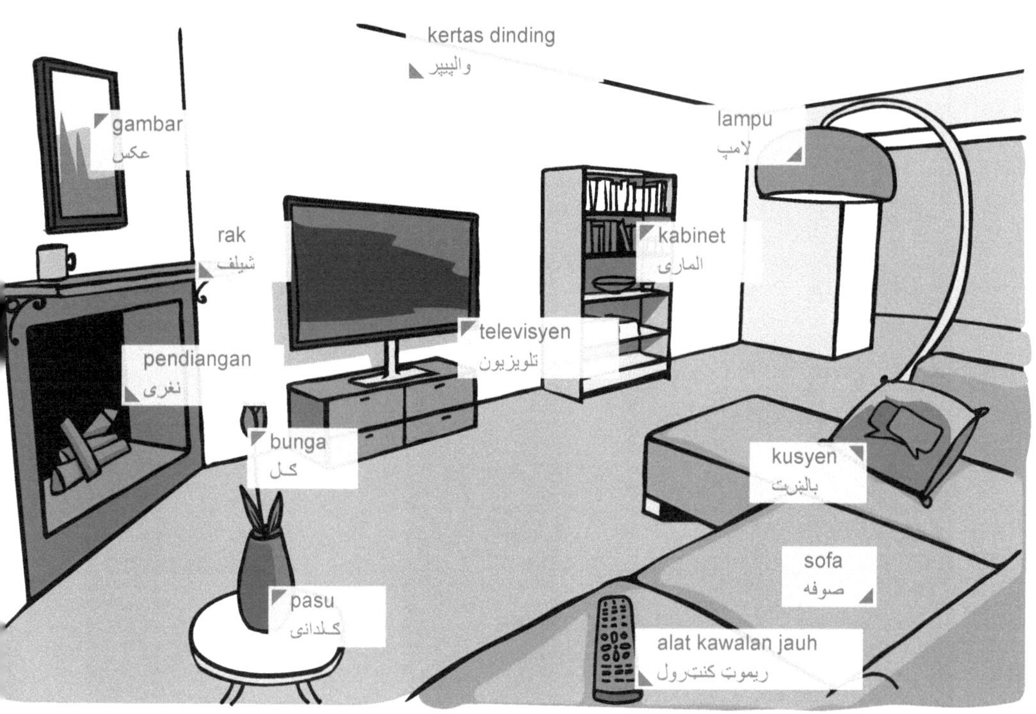

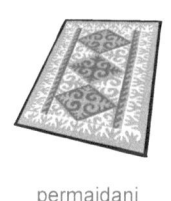

permaidani
غالی

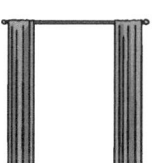

tirai
پرده

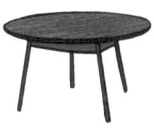

meja
میز

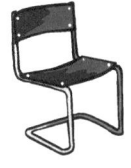

kerusi
چوکی

kerusi malas
تاویدونکي چوکی

kerusi
بازو لرونکی چوکی

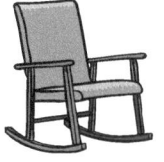

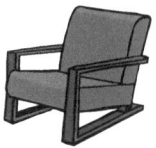

buku

كتاب

selimut

كمپل

hiasan

ديكوريشن

kayu api

د اور لرګي

filem

فلم

hi-fi

هايفاى

kunci

كلي

akhbar

ورځپاڼه

lukisan

نقاشي

poster

پوسټر

radio

راډيو

buku catatan

كتابچه

penyedut habuk

واكيوم جارو

kaktus

كاكتوس

lilin

شمع

# dapur
# پخلنځی

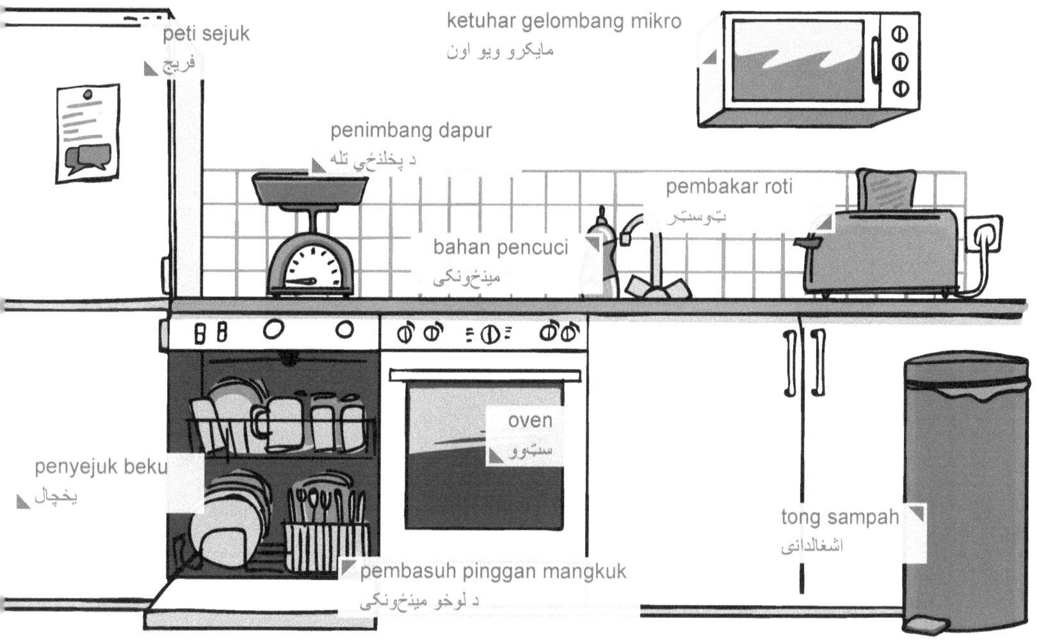

peti sejuk
فریج
ketuhar gelombang mikro
مایکرو ویو اون
penimbang dapur
د پخلنځي تله
pembakar roti
توستر
bahan pencuci
مینځونکی
oven
ستوو
penyejuk beku
یخچال
tong sampah
اشغالدانی
pembasuh pinggan mangkuk
د لوخو مینځونکی


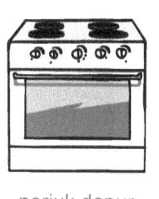

periuk dapur
دیګ بخار

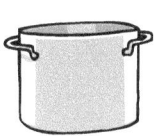

periuk
لوخی

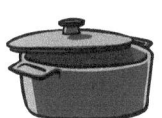

periuk besi
چدني لوخی

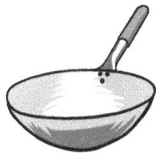

kuali
ووک

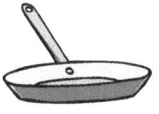

pan
د تلی په

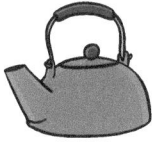

cerek
چای جوش

pengukus

د بخار ديگ

dulang pembakar

پتنوس

pinggan mangkuk

لوخي

koleh

مگ

mangkuk

كاسه

penyepit

د رانيولو اوزار

senduk

څمڅی

spatula

كفكير

pengadun

پاكونكی

penapis

صافي

ayak

غلبيل

pemarut

كريتر

mortar

اونگ

barbeku

بار بي كيو

pembakaran terbuka

خلاص اور

papan pencincang

تخته

pin golekan

هوارونکی

skru gabus

کارک سکريو

tin

ټيم

pembuka tin

د ټيم خلاصونکی

pemegang periuk

د لوخي ټوټه

sinki

ظرف شوی

berus

برس

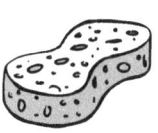

span

سپنج

pengisar

بلیندر

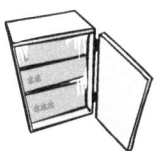

penyejuk beku

ژور يخچال

botol bayi

د ماشوم بوتل

paip

نل

# bilik air

## حمام

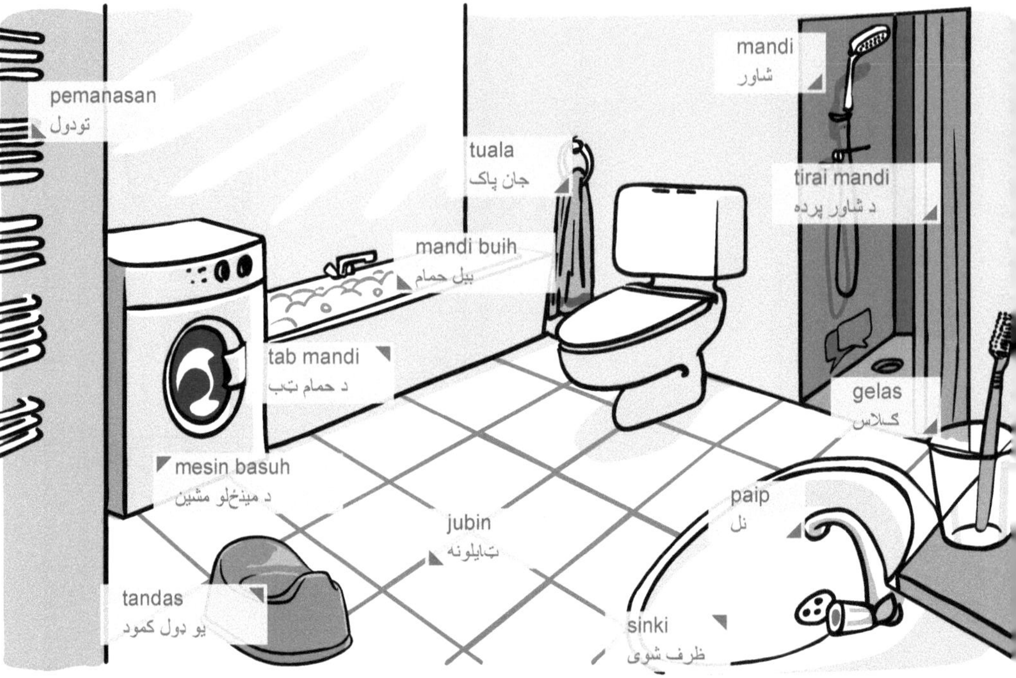

mandi
شاور
pemanasan
تودول
tuala
جان پاک
tirai mandi
د شاور پرده
mandi buih
ببل حمام
tab mandi
د حمام ټب
gelas
گلاس
mesin basuh
د مینځلو مشین
paip
نل
jubin
ټایلونه
tandas
یو ډول کموډ
sinki
ظرف شوی


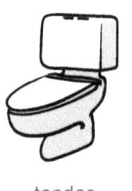

tandas

تشناب

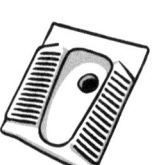

tandas mencangkung

فرشي کموډ

mangkuk tandas

کموډ

tandas awam

د متیازو ځای

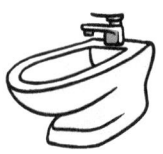

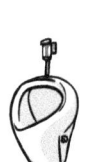

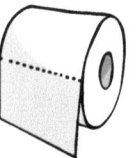

kertas tandas

تشناب کاغذ

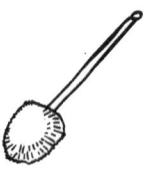

berus tandas

د تشناب برس

berus gigi

د غاښونو برس

ubat gigi

د غاښونو کریم

flos gigi

د غاښونو نخ

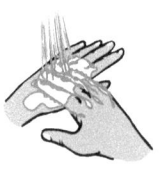

cuci

مینځل

mandian tangan

لاسي شاور

pancuran

دوش

besen

خانک

belakang berus

د شا برس

sabun

صابون

gel mandian

د شاور ژل

syampu

شامپو

flanel

فلانل جامه

longkang

وچول

krim

کریم

deodoran

سپری

cermin

أيينه

cermin tangan

لاسي أيينه

pisau cukur

ريزر

busa cukur

د خريلو فوم

selepas cukur

د خريلو وروسته

sikat

ګمنځخ

berus

برس

pengering rambut

د ويښتانو وچونکی

semburan rambut

د ويښتانو سپری

mekap

ميک اپ

gincu

لیپ ستیک

varnis kuku

د نوکانو پالش

bulu kapas

کاتن وری

gunting kuku

ناخن ګير

pewangi

عطر

beg basuhan

د مينځلو کڅوړه

bangku

سټول

skala berat

د وزن کولو تله

jubah mandi

د حمام پوښاک

sarung tangan getah

د ربر دستکش

kapas

تَامپون

tuala wanita

صحيى جان پاک

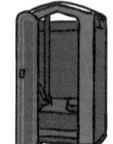

tandas kimia

کيميکل تشناب

# bilik kanak-kanak

## د ماشوم خونه

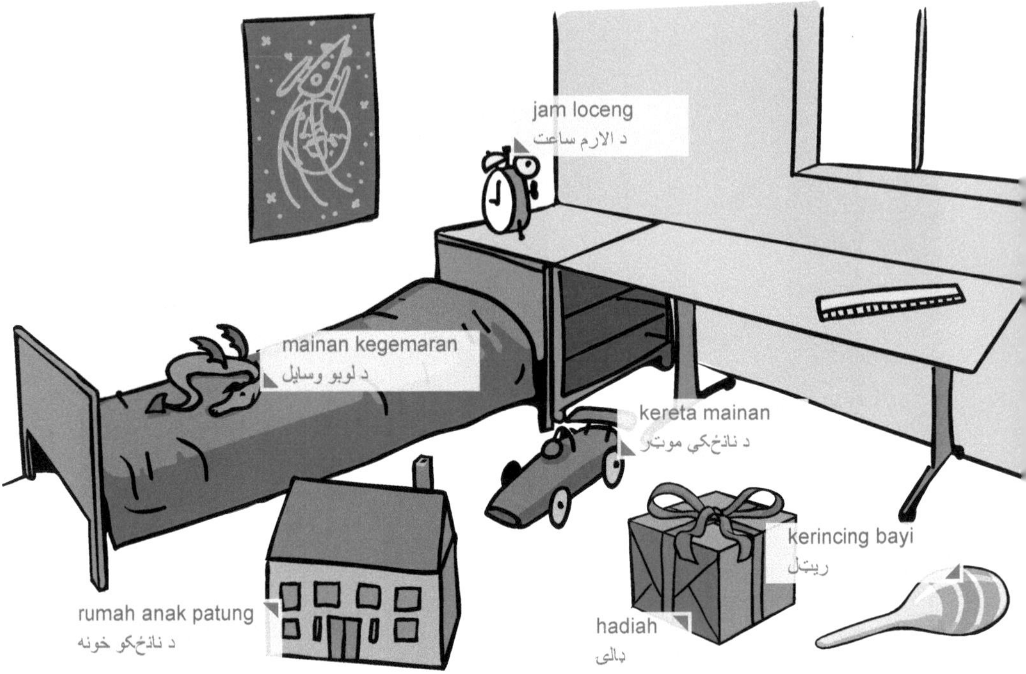

jam loceng
د الارم ساعت
mainan kegemaran
د لوبو وسایل
kereta mainan
د ناڅکي موټر
kerincing bayi
ریټل
rumah anak patung
د ناڅکو خونه
hadiah
ډالۍ


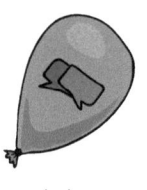

belon

بالون

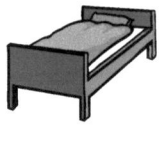

katil

تخت

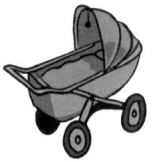

kereta sorong bayi

کالسکه

set kad

د لوبو ورقې

susun suai gambar

جیګسا

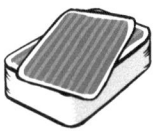

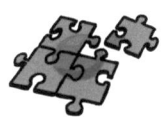

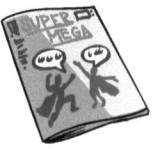

komik

مسخره

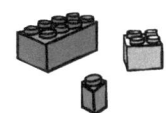

batu bata lego

ليګو بريک

blok mainan

د نانځکو بلاک

figura aksi

د اکشن فيګور

baju bayi

د ماشوم پوښاک

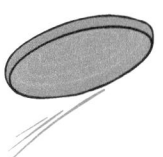

frisbee

فريزبي

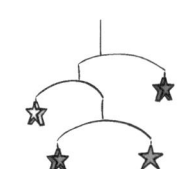

mainan bayi mudah alih

موبايل

permainan papan

بورډ لوبه

dadu

تاس

set model kereta api

مايل ريل سيټ

palsu

کونکښی

parti

پارټي

buku bergambar

د عکسونو اليوم

bola

بال

anak patung

نانځکه

main

لوبيدل

lubang pasir

د شګو کنده

buai

سوینګ

mainan

ناځخکي

konsol permainan video

د ويديو لوبو کنسول

basikal roda tiga

نټرای سایکل

anak patung beruang

ګوډکه

almari pakaian

د کالو الماری

## pakaian

پوښاک

stoking

جرابی

stoking

لوړي جرابی

ketat

ټایټس

skarf
زروكي

/keselamatan

payung
چتري

kemeja-t
تي شرت

but
بوتان

selipar
سليپر

kasut sukan
سنيكر

sandal
سيندل

kasut
بوتان

but getah
د ربر بوتان

seluar dalam
زيرنيكري

coli
سينه بند

ves
واسكت

badan

بادي

Seluar panjang

پتلون

jean

جينز

skirt

لمن

blaus

بلاوز

kemeja

ثمرت

baju panas sarung

بنيان

sweater

سويتر

blazer

بليزر

jaket

جاكت

kot

كوت

baju hujan

د باران كوت

kostum

پوښاک

pakaian

كالي

baju pengantin

د واده پوښاک

sut

دريشي

baju tidur

د ښپی پوښاک

baju tidur

پاجامه

sari

ساري

skarf kepala

لوپیته

serban

پټکی

burqa

برقه

kaftan

کفتن

abaya/jubah

عبا

baju renang

د لامبو پوښاک

seluar renang

نیکر

seluar pendek

شارټ

sut balapan

د ځغاستی پوښاک

apron

پیش بند

sarung tangan

دستکش

butang

بتن

cermin mata

عينک

gelang tangan

لاس بند

rantai leher

غاړه کۍ

cincin

ګوتمه

subang

غوږوالۍ

topi

خولۍ

penyangkut kot

کوټ بند

topi

خولۍ

tali leher

نتايى

zip

ځنځير

topi keledar

هيلميت

pendakap

ترونکۍ

uniform sekolah

د ښوونځي يونيفارم

seragam

يونيفارم

lapik dada

بيب

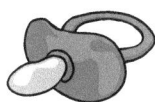

palsu

كونكشى

lampin

نيپي

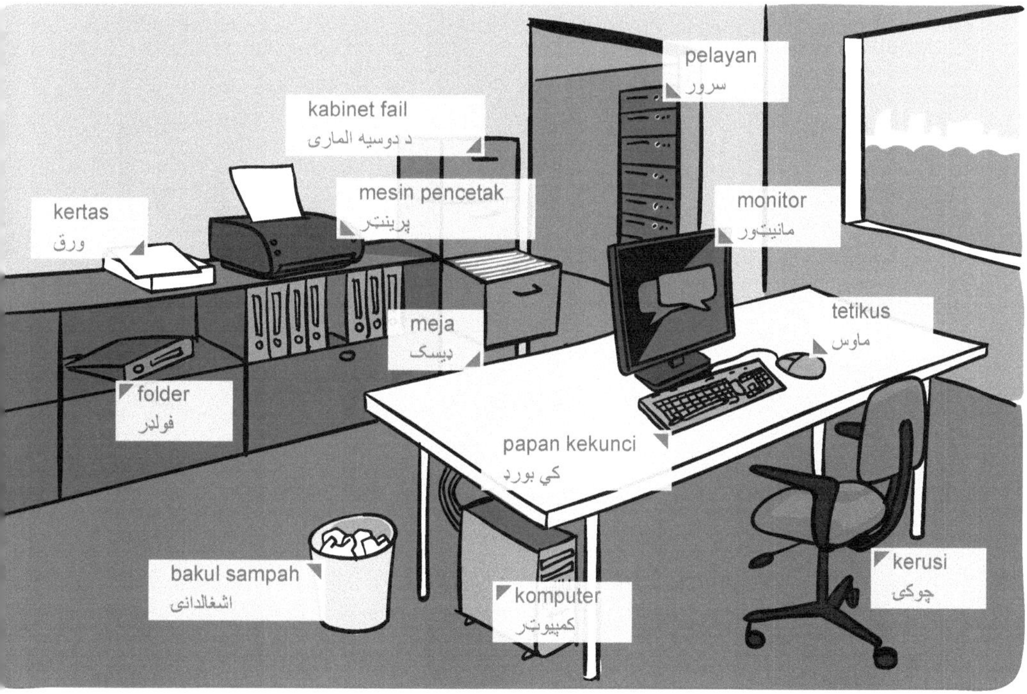

pelayan

سرور

kabinet fail

د دوسيه الماری

mesin pencetak

پرينتر

monitor

مانيټور

kertas

ورق

meja

ډيسک

tetikus

ماوس

folder

فولدر

papan kekunci

کي بورډ

bakul sampah

اشغالدانى

komputer

کمپيوټر

kerusi

چوکی

cawan kopi

د كافي پياله

kalkulator

كالكوليټر

internet

انترنيت

komputer riba

لپ تاپ

surat

لیک

mesej

پیغام

mudah alih

موبایل

rangkaian

نیتورک

mesin fotokopi

فوتوکاپیر

perisian

سافتویر

telefon

تلیفون

soket plag

پلک ساکت

mesin faks

فکس مشین

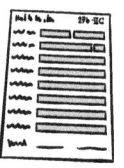

bentuk

فارم

dokumen

سند

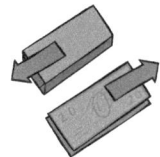

beli

پیرل

bayar

تاديه كول

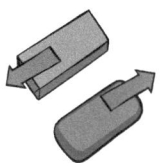

berdagang

سوداګري كول

wang

پیسی

dolar

ډالر

euro

یورو

yen

ین

rubel

روبل

franc swiss

سویيسي فرانک

renminbi yuan

رینمینبي یوان

rupee

روپی

mata tunai

د نغدي پیسو خای

pejabat tukaran mata wang

د اسعارو د تبادلي دفتر

emas

سره زر

perak

سپين زر

minyak

تيل

tenaga

انرژي

harga

نرخ

kontrak

قرارداد

cukai

ماليه

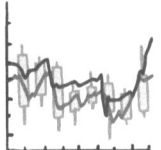

stok

اسهام

kerja

کار کول

pekerja

کارمند

majikan

کار کومارونکی

kilang

فابريکه

kedai

پلورودځی

# pekerjaan
## مسلکونه

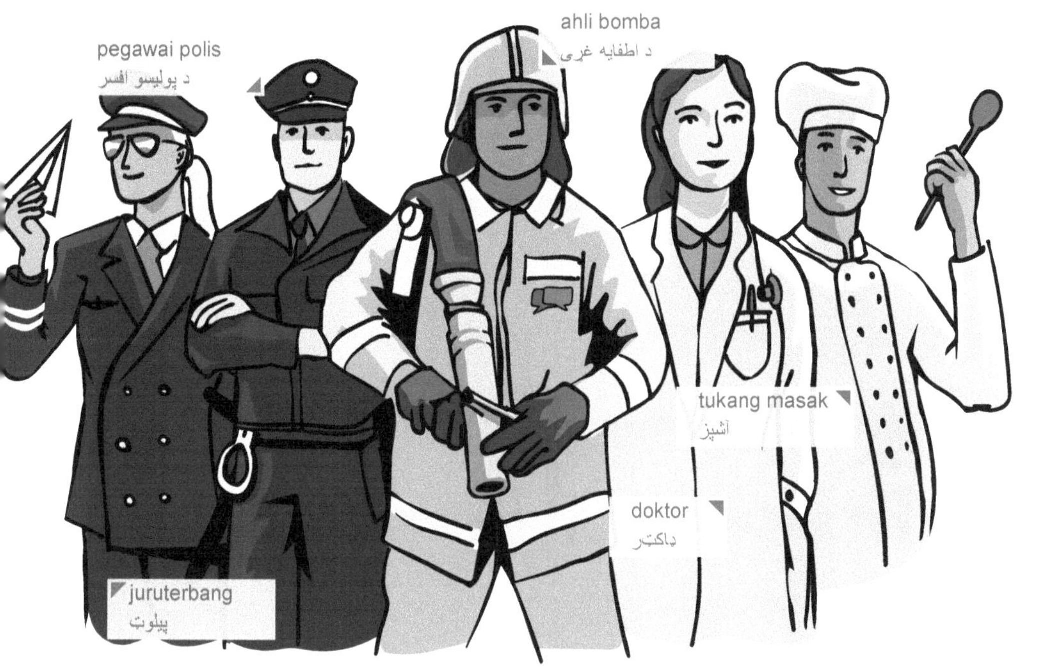
pegawai polis
د پولیسو افسر
ahli bomba
د اطفایه غړی
tukang masak
آشپز
doktor
ډاکټر
juruterbang
پیلوټ

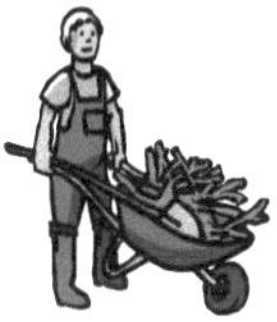

tukang kebun

باغوان

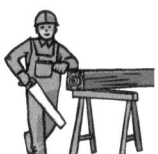

tukang kayu

نجار

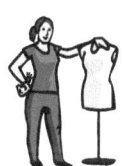

tukang jahit

خیاط

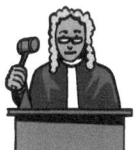

hakim

قاضي

ahli kimia

کیمیا پوه

pelakon

د فلم لوبغاړی

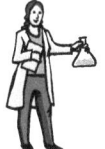

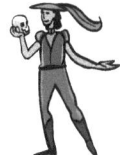

pemandu bas

د بس ډرایور

pemandu teksi

د ټیکسي ډرایور

nelayan

کب نیونکی

wanita pencuci

خدمه

kasau

بام جوړونکی

pelayan

پیشخدمت

pemburu

ښکاري

pelukis

نقاش

bakeri

نانوا

juruelektrik

د برښنا کارکونکی

pembangun

تعمیر جوړونکی

jurutera

انجنیر

penjual daging

قصاب

tukang paip

نلدوان

posmen

پوست رسونکی

askar

سرتېری

arkitek

مهندس

juruwang

صراف

kedai bunga

ماليار

pendandan rambut

نايی

konduktor

کليندر

mekanik

ميکانيک

kapten

کپتان

doktor gigi

د غاښونو ډاکتر

ahli sains

ساينس پوه

tuhanku

ښاغلی

imam

امام

sami

مذهبي نفر

paderi

پادري

# alat
# لوازم

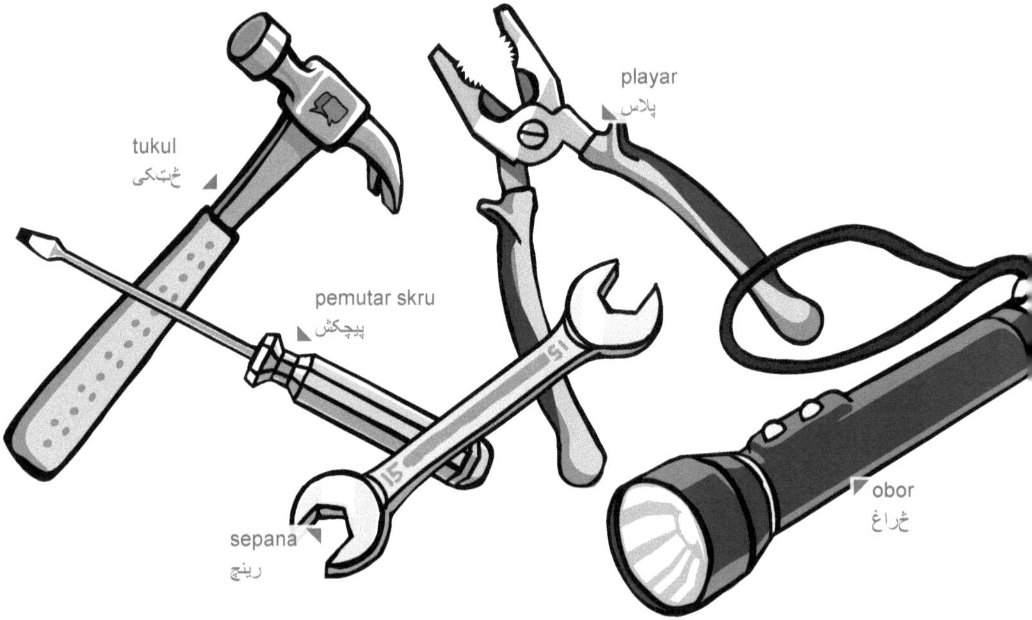
playar
پلاس
tukul
څټکی
pemutar skru
پیچکش
obor
څراغ
sepana
رینچ

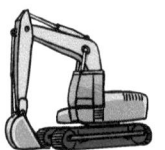

pengorek
کنستونکی

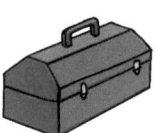

kotak peralatan
د لوازمو بکس

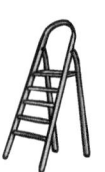

tangga
زینه

gergaji
اره

kuku
میخونه

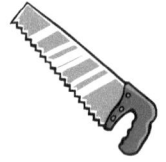

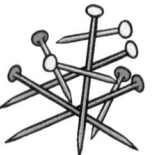

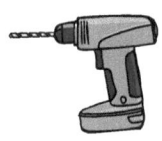

gerudi
برمه

baiki

ترميم کول

penyodok

بيل

Celaka!

لعنت!

penadah sampah

خاک انداز

periuk cat

مشواني

skru

پيچونه

## alat muzik

## د میوزیک آلات

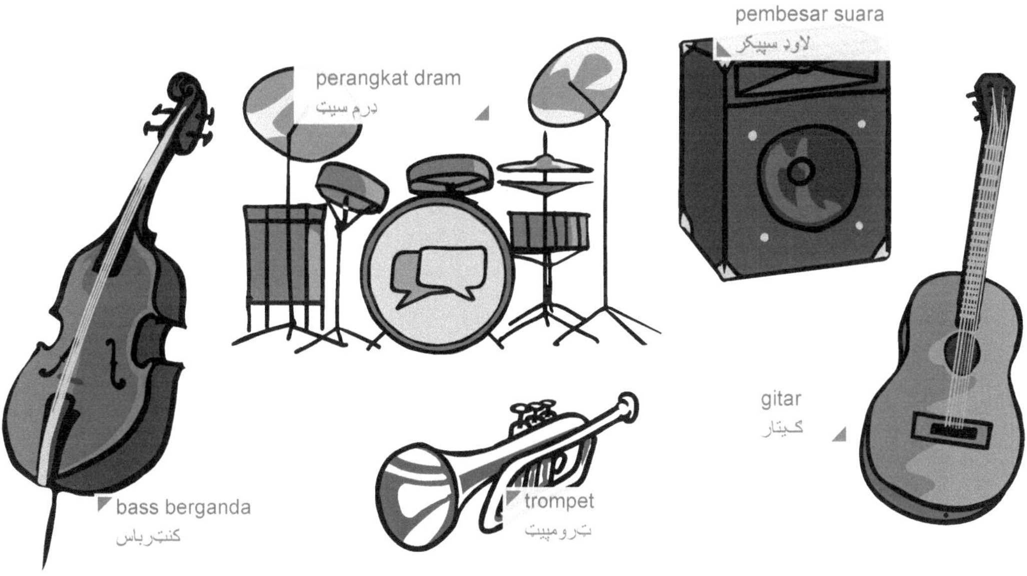

perangkat dram

درم سيټ

pembesar suara

لاوډ سپيکر

gitar

کيتار

bass berganda

کنترباس

trompet

تروم پيټ

piano

پیانو

biola

واېلن

bass

یاس

timpani

نغاره

dram

درمونه

papan kekunci

کي بورډ

saksofon

سیکسافون

seruling

شپیلی

mikrofon

مایکروفون

alat muzik  -  د میوزیک آلات

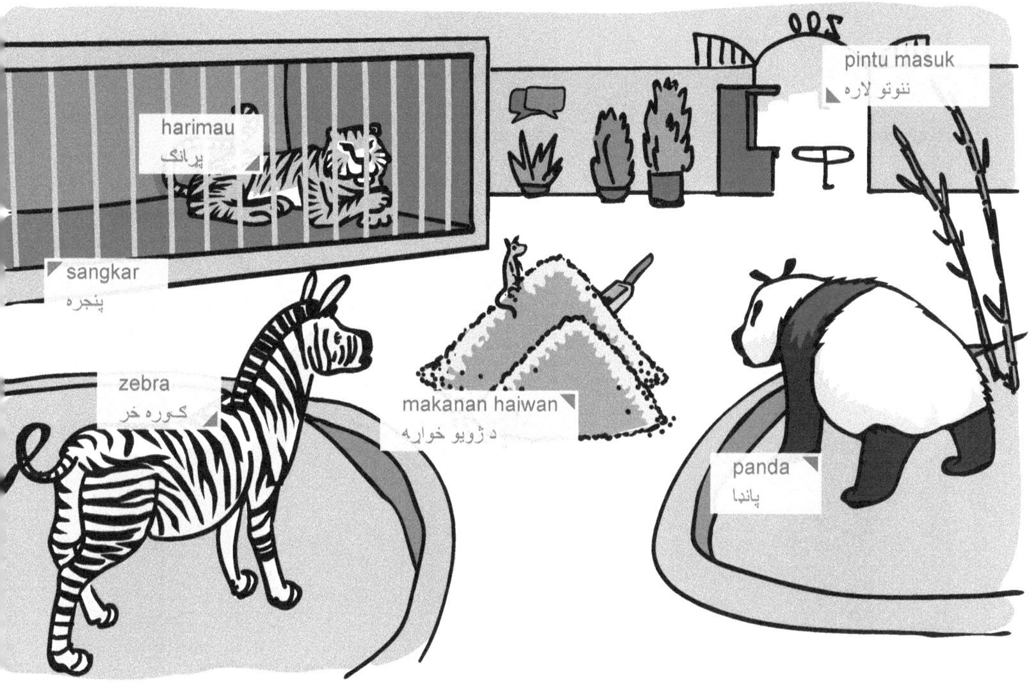

pintu masuk
ننوتو لاره

harimau
پړانگ

sangkar
پنجره

zebra
گوره خر

makanan haiwan
د ژویو خواړه

panda
پاندا

haiwan

ژوی

gajah

هاتي

kanggaru

کنګرو

badak sumbu

د اوبو اسپ

gorila

ګوریلا

beruang

ايږه

unta

اوښ

burung unta

ښترمرغ

singa

زمری

monyet

بيزو

flamingo

غزی

nuri

طوطي

beruang kutub

قطبي ايرﮦ

penguin

پينگوين

yu

شارك

merak

طاوس

ular

مار

buaya

تمساح

penjaga zoo

ژوبڼ ساتونکی

anjing laut

سیل

jaguar

جگوار

kuda

يابو

harimau

پلانگ

badak air

هيپو

zirafah

زرافه

helang

باز

babi jantan

نرخوک

ikan

کب

penyu

شمشتى

anjing laut

سمندري نولى

musang

گيدره

rusa

هوسى

bola sepak Amerika
امریکایی فټبال

berbasikal
سایکل چلول

tenis
تنیس

bola keranjang
باسکیتبال

renang
لامبو

tinju
باکسینگ

hoki ais
د کنګل هاکي

bola sepak
فټبال

badminton
کسیزه

olahraga
د خغاستي لوبی

bola baling
د هندبال

ski
سکي

polo
پولو

lompat
بتوپ وهل

peluk
غاړه وركول

ketawa
خندل

berjalan
كرخيدل

menyanyi
سندري ويل

mimpi
خوب ليدل

berdoa
عبادت كول

cium
مچو كول

tulis
ليكل

lukis
كښل

tunjuk
ښودل

tolak
ټيله كول

beri
وركول

ambil
اخيستل

ada

درلودل

buat

کول

ialah

پاییدل

berdiri

ودریدل

lari

منډی وهل

tarik

راکښل

buang

کوزارل

jatuh

لویدل

tipu

ټګ‌ملاستل

tunggu

انتظار کول

bawa

وړل

duduk

کښیناستل

pakai

پوښاک اغوستل

tidur

ویده کیدل

bangkit

پاڅیدل

lihat pada

كتل

menangis

ژړل

strok

بريد كول

sikat

كمڅخ كول

cakap

خبرى كول

faham

پوهيدل

tanya

غوښتنل

dengar

اوريدل

minum

څښل

makan

خورل

mengemas

پاكول

sayang

مينه كول

masak

پخلى كول

pandu

موټر چلول

terbang

الوتل

belayar

بېرۍ چلول

kira

حساب

baca

لوستل

belajar

زده کول

kerja

کار کول

nikah

واده کول

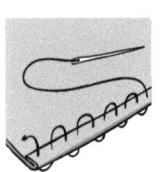

jahit

گنډل

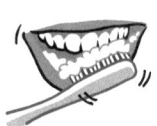

memberus gigi

د غاښونو برس کول

bunuh

وژل

asap

سکرټ څښل

hantar

لیږل

# keluarga
# کورنی

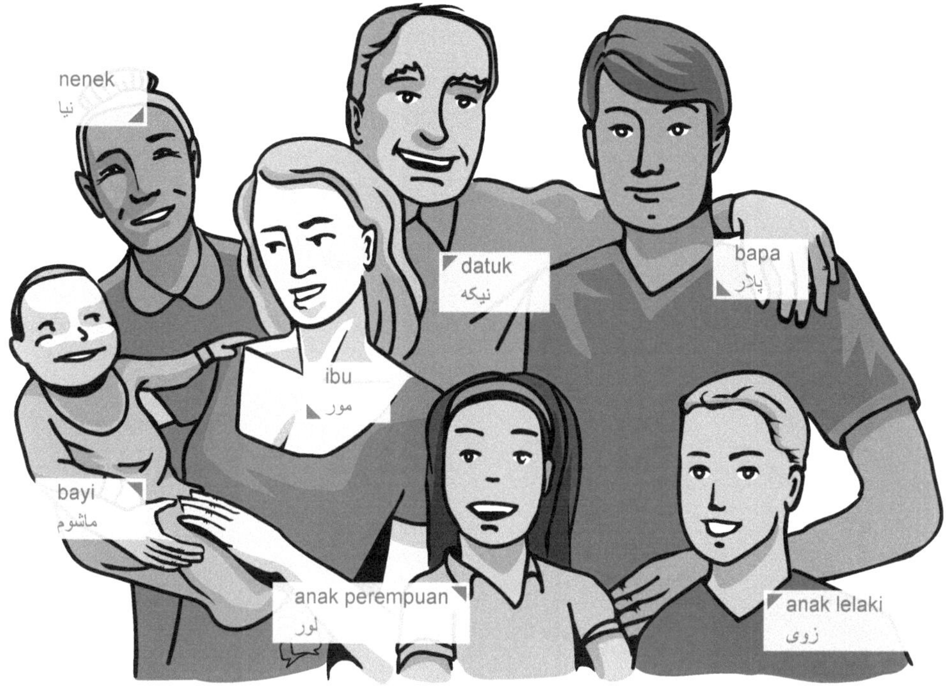
nenek
نیا
datuk
نیکه
bapa
پلار
ibu
مور
bayi
ماشوم
anak perempuan
لور
anak lelaki
زوی

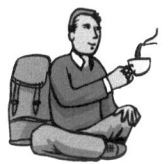

tetamu

میلمه

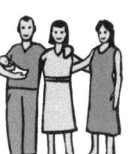

mak cik

ترور

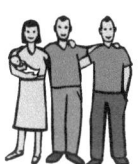

pak cik

کاکا/ماما

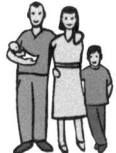

abang

ورور

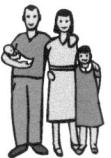

kakak

خور

# badan

## بدن

dahi
تندی
mata
سترګي
muka
مخ
dagu
زنه
dada
سینه
jari
ګوته
tangan
لاس
lengan
مټ
bahu
اوږه
kaki
پښه


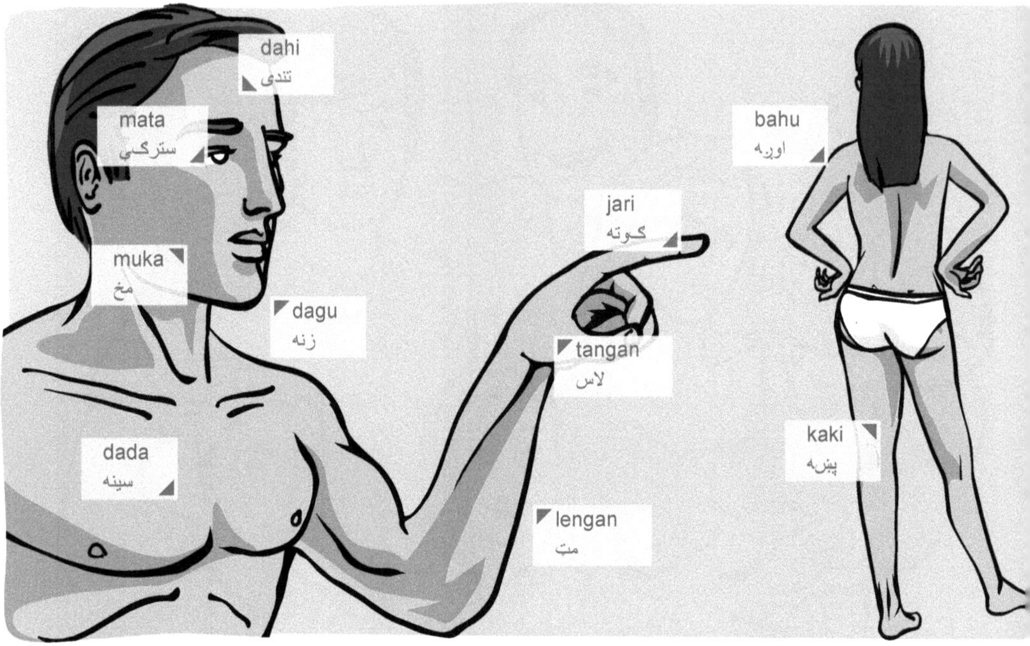

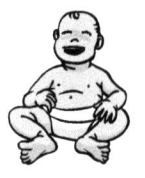

bayi

ماشوم

lelaki

سړی

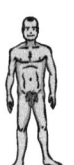

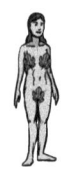

wanita

ښځه

perempuan

انجلی

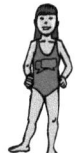

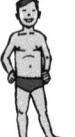

lelaki

هلک

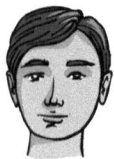

kepala

سر

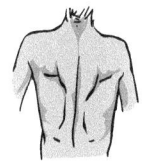

belakang

شا

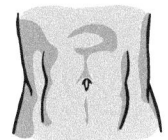

bawah perut

خیته

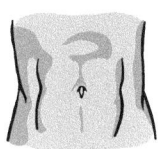

pusat

نوم

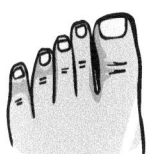

jari kaki

د پښې ګوته

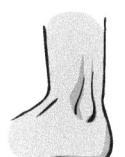

tumit

پونده

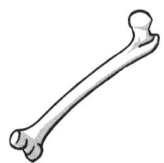

tulang

هډوکی

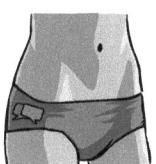

pinggul

کوناټی

lutut

زنګون

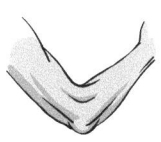

siku

څنګل

hidung

پوزه

bawah

لاندی برخه

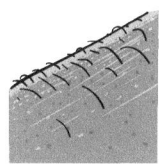

kulit

پوټکی

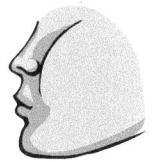

pipi

غومبوری

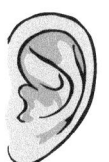

telinga

غوږ

bibir

شونډه

mulut

خوله

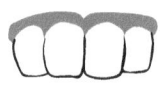

gigi

غاښ

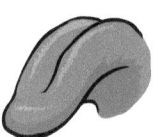

lidah

ژبه

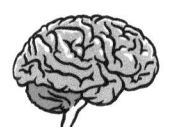

otak

مغز

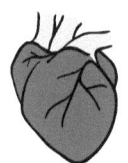

hati

زړه

otot

عضله

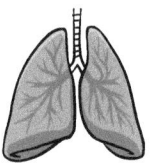

paru-paru

سږرى

hati

ځيګر

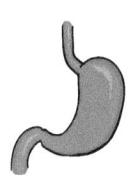

perut

معده

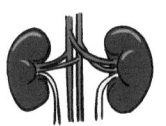

buah pinggang

پښتورګي

seks

جنسي نزدى والى

kondom

كاندوم

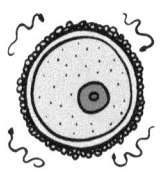

faraj

تخمه

mani

مني

mengandung

حمل

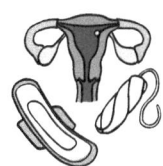

haid

حيض

faraj

مهبل

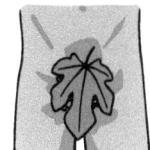

penis

د نارينه تناسلي اله

kening

وروځی

rambut

ويښته

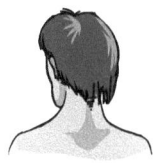

leher

غاړه

# hospital
# روغتون

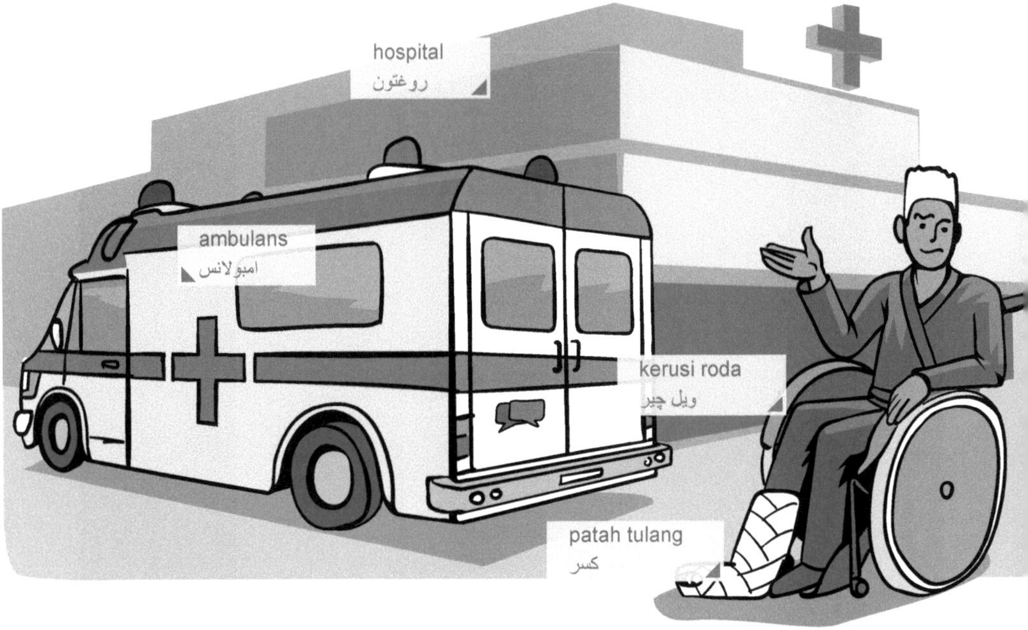

hospital
روغتون
ambulans
امبولانس
kerusi roda
ویل چیر
patah tulang
کسر

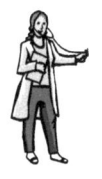

doktor
ډاکټر

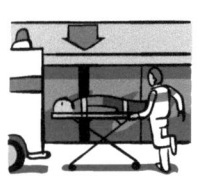

bilik kecemasan
عاجل خونه

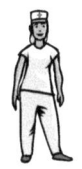

jururawat
رنځورپال

kecemasan
عاجل

tak sedar
بې هوش

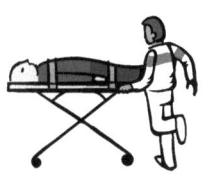

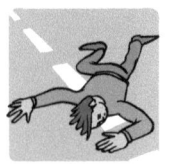

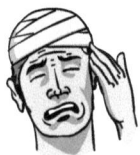

sakit
درد

kecederaan

تپ

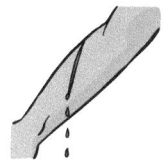

pendarahan

وینه تویدل

serangan jantung

د زره حمله

strok

ضرب

alergi

حساسیت

batuk

ټوخی

demam

تبه

selesema

انفلوینزا

cirit-birit

نس ناستی

sakit kepala

سر درد

kanser

سرطان

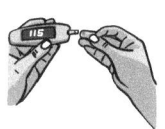

diabetes

شکر

pakar bedah

جراح

pisau bedah

سکالپل

pembedahan

عملیات

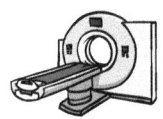

CT

سيـنتـي

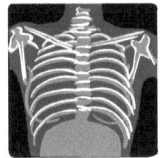

x-ray

ايكس رى

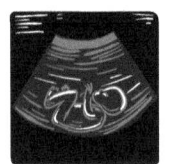

ultrabunyi

التراساوند

topeng muka

د مخ ماسک

penyakit

ناروغي

bilik menunggu

انتظار خونه

penongkat

امسأ

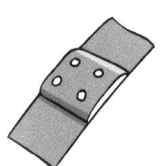

plaster

پلستر

pembalut

بندارژ

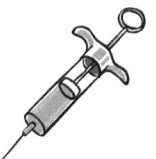

suntikan

تزريق

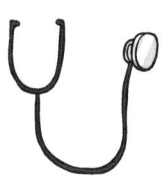

stetoskop

ستاتسكوپ

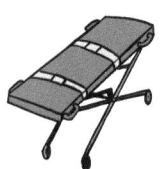

pengusung

تسكيره

termometer klinik

كلينكي ترماميتر

kelahiran

زيدرون

berat badan berlebihan

زيات وزن

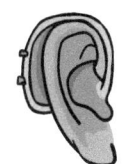

alat pendengaran

د اوريدو مرسته

disinfektan

د عفونيت ځخه پاكونكي مواد

jangkitan

عفونيت

virus

ويروس

HIV / AIDS

ايچ.آي.وي/ايدز

perubatan

درمل

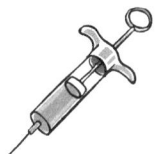

vaksinasi

واكسين

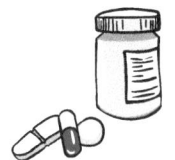

tablet

تابليټس

pil

كولی

panggilan kecemasan

عاجل تليفون

pantau tekanan darah

د وينی د فشار څارونكی

sakit / sihat

ناروغ‌اروغ

Tolong!

مرسته!

penggera

الارم

serang

يرغل

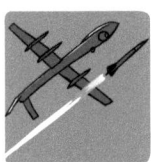

serangan

بريد

bahaya

خطر

pintu kecemasan

عاجل لاره

Api!

اور!

alat pemadam api

د اور وژونکی

kemalangan

پیښه

alat pertolongan cemas

د لومړی مرستی لوازم

SOS

ایسه.او.ایس

polis

پولیس

Eropah

اروپا

Amerika Utara

شمالي امریکا

Amerika Selatan

سهیلي امریکا

Afrika

افریقا

Asia

آسیا

Australia

استریلیا

Atlantic

اتلانتیک

Pasifik

پاسیفیک

Lautan Hindi

د هند بحر

Lautan Antartik

جنوبي منجمد بحر

Lautan Artik

د شمال قطب بحر

Kutub utara

شمالي قطب

Kutub Selatan

سهيلي قطب

Antartika

انتّاركتيكا

bumi

خُمكه

tanah

خُمكه

laut

بحر

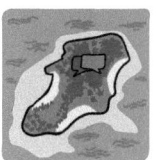

pulau

نتّاپو

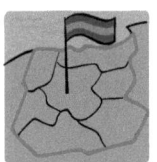

negara

ملت

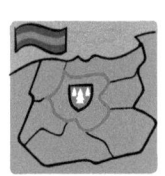

negeri

دولت

muka jam

د مخي ساعت

tangan jam

د ساعت ستنه

tangan minit

د دقيقي ستنه

terpakai

د ثانيي ستنه

Jam berapa sekarang

څه وخت دى؟

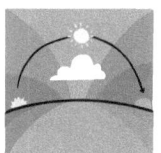

hari

ورځ

masa

وخت

sekarang

اوس

jam digital

ديجيتل ساعت

minit

دقيقه

jam

ساعت

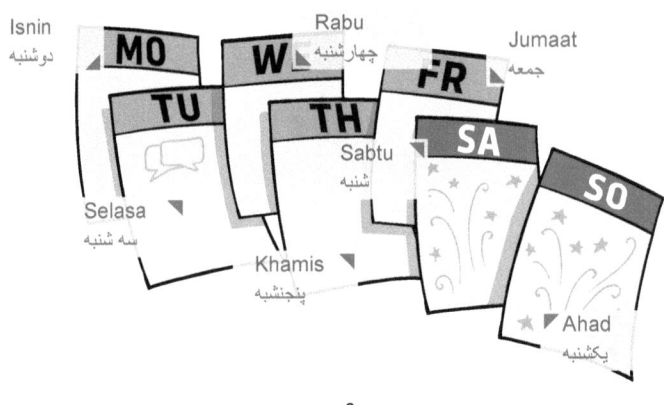

Isnin
دوشنبه

Rabu
چهارشنبه

Jumaat
جمعه

Selasa
سه شنبه

Khamis
پنجشنبه

Sabtu
شنبه

Ahad
یکشنبه

semalam

پرون

hari ini

نن

esok

سبا

pagi

سهار

tengah hari

غرمه

petang

ماښام

hari kerja

کاري ورځی

hari minggu

د اونۍ پای

hujan
باران ◢

pelangi
رنگین کمان ◢

salji
واوره ◢

angin
باد ◢

musim bunga
پسرلی

musim luruh
منی ◢

musim panas
اوړی ◢

musim salji
ژمی

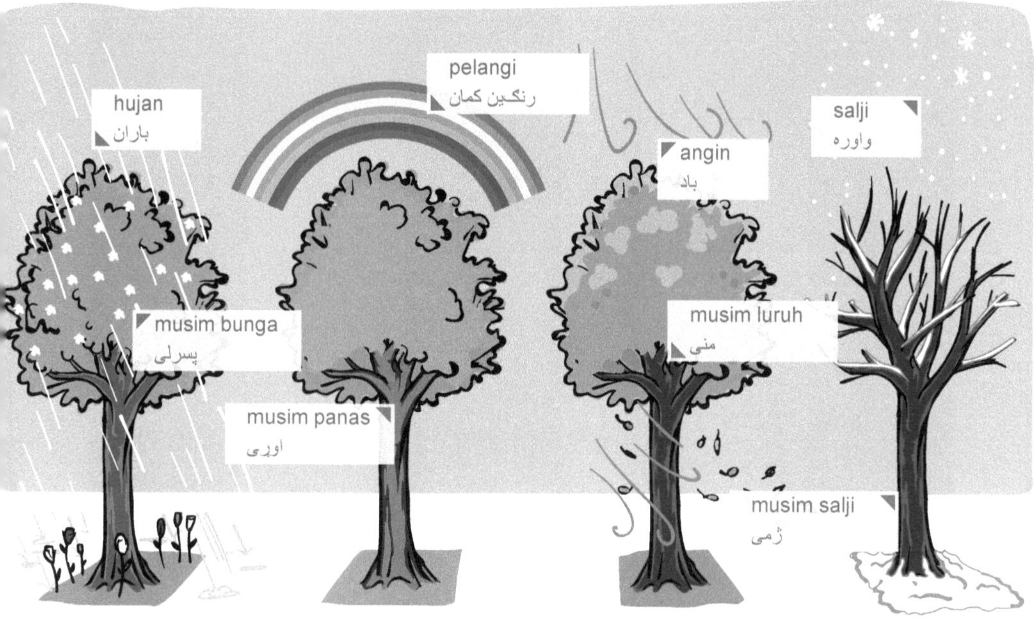

ramalan cuaca

د موسم وړاندوینه

termometer

ترمومیتر

sinar matahari

د لمر وړانګی

awan

وریځ

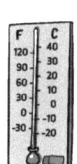

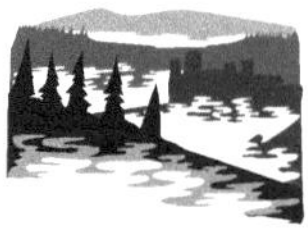

kabus

لره

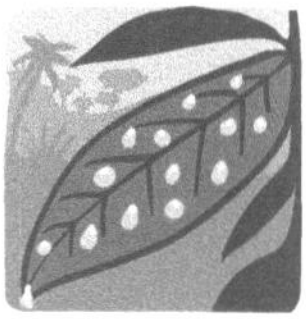

lembapan

رطوبت

kilat

رنا

petir

تندر

ribut

توفان

hujan batu

برفی وریدل

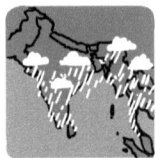

monsun

مون سون باران

banjir

سیلاب

ais

يخ

Januari

جنوري

Februari

فبروري

Mac

مارچ

April

اپربل

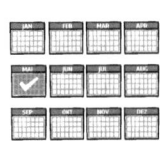

Mei

مى

Jun

جون

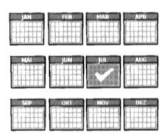

Julai

جولاى

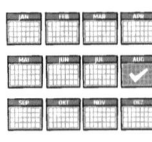

Ogos

اكست

September

سپتمبر

Oktober

اکتوبر

November

نومبر

Disember

دسمبر

# bentuk

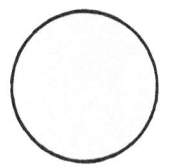

bulatan

دایره

petak

مربع

segi empat tepat

مستطیل

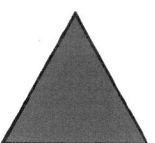

segitiga

مثلث

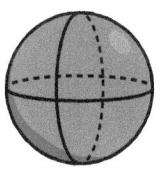

sfera

توپ

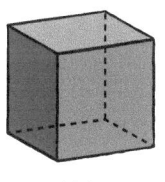

kiub

فال

putih

سپين

kuning

ژير

oren

نارنجي

merah jambu

گلابي

merah

سور

ungu

ارغواني

biru

نيلي

hijau

شين

coklat

نسواري

kelabu

خر

hitam

تور

banyak / sedikit

خورا دير/خورا لږ

marah / tenang

قار/ارام

cantik / hodoh

ښکلى/بدشکله

bermula / tamat

پيل/پاى

besar kecil

لوى/کوچنى

terang / gelap

رو ښانه/تياره

abang / kakak

ورور/خور

bersih / kotor

پاک/ککړ

lengkap / tidak lengkap

مکمل/نامکمل

hari / malam

ورځ/شپه

mati / hidup

مړ/ژوندى

luas / sempit

پراخه/نرى

boleh dimakan / tidak boleh dimakan

د خوراک ور/نه خورل کیدونکی

jahat / baik

بد/مهربان

teruja / bosan

پاریدلی/بی خونده

gemuk / kurus

چاق/وچ

pertama / terakhir

لومړی/وروستی

kawan / musuh

ملګری/دښمن

penuh / kosong

ډک/تش

keras / lembut

سخت/نرم

berat / ringan

دروند/سپک

lapar / dahaga

لوږه/تنده

sakit / sihat

ناروغ/روغ

menyalahi undang-undang / undang-undang

غیرقانوني/قانوني

pintar / bodoh

هوښیار/ساده

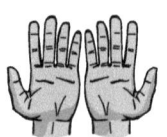

kiri / kanan

کین/ښی

dekat / jauh

نزدیه/لری

baru / lama

نویا/زور

tiada / sesuatu

هیڅ/یوشه

tua / muda

بیا/خوان

hidup / mati

چالا/د/بند

terbuka / tertutup

خلاص/ترلی

diam / bising

غلی/لور غر

kaya / miskin

بدایه/غریب

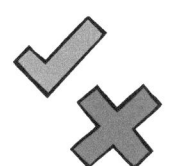

betul / salah

صحیح/غلط

kasar / halus

زیر/ملایم

sedih / gembira

خفه/خوش

pendek / panjang

لند/اورد

lambat / laju

سست/ګرندی

basah / kering

لوند/وچ

panas / sejuk

کرم/یخ

berperang / berdamai

جکره/سوله

# nombor

شميري

| 0 | 1 | 2 |
|---|---|---|
| sifar | satu | dua |
| صفر | يو | دوه |

| 3 | 4 | 5 |
|---|---|---|
| tiga | empat | lima |
| دری | څلور | پنځه |

| 6 | 7 | 8 |
|---|---|---|
| enam | tujuh | lapan |
| شپږ | اوه | اته |

| 9 | 10 | 11 |
|---|---|---|
| sembilan | sepuluh | sebelas |
| نهه | لس | يولس |

**12**

dua belas

دولس

**13**

tiga belas

ديارلس

**14**

empat belas

ڠوارلس

**15**

lima belas

پنڠلس

**16**

enam belas

ڽمپارس

**17**

tujuh belas

وولس

**18**

lapan belas

اتلس

**19**

Sembilan belas

نولس

**20**

dua puluh

ڤل

**100**

ratus

سل

**1.000**

ribu

رز

**1.000.000**

juta

ميليون

Bahasa Inggeris

انكلسي

Bahasa Inggeris Amerika

امريكايى انكلسي

Bahasa Cina Mandarin

چينايى مندرين

Bahasa Hindi

هندي

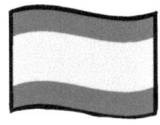

Bahasa Sepanyol

هسپانوي

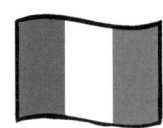

Bahasa Perancis

فرانسوي

Bahasa Arab

عربي

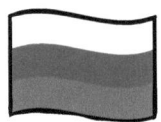

Bahasa Rusia

روسي

Bahasa Portugis

پرتڬالي

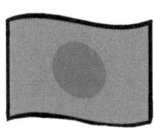

Bahasa Benggali

بنڬالي

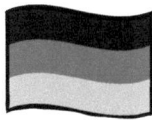

Bahasa Jerman

الماني

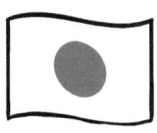

Bahasa Jepun

جاڤاني

saya

زه

anda

ته

dia / dia / ia

هغه/دغه/دا

kita

موږ

anda

تاسی

mereka

دوی/هغوی

siapa?

څوک؟

apa?

څه؟

bagaimana?

څنګه؟

di mana?

چیری؟

bila?

کله؟

nama

نوم

belakang

 شاته

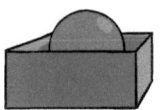

dalam

په

di hadapan

په مخه کی

lebih

باندی

pada

په

di bawah

لاندی

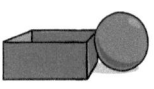

bersebelahan

برسيره پر

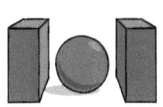

antara

ترمينځ

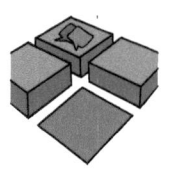

tempat

ځای

.